Livre de bord
d'un projet de couture

NOM

ADRESSE

ADRESSE ÉLECTRONIQUE

SITE WEB

TÉLÉPHONE **FAX**

PERSONNE À CONTACTER EN CAS D'URGENCE

TÉLÉPHONE **FAX**

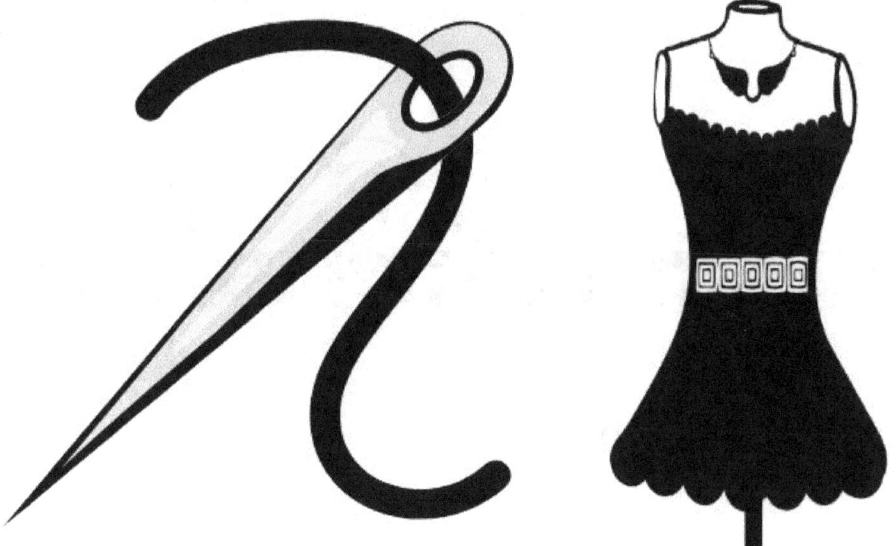

Carnet de couture pour garder une trace des projets de couture - cadeau idéal pour les amoureux de la couture

Livre de bord
d'un projet de couture

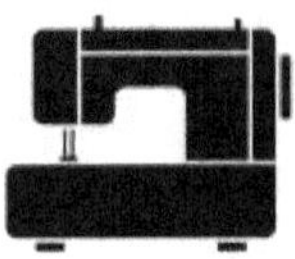

DÉTAILS

PROJET ....

CRÉÉ POUR ....

DATE DE DÉBUT .... DATE D'ACHÈVEMENT ....

POINT .... QUANTITÉ ....

PRIX .... DÉPÔT PAYÉ .... DÉPÔT PAYÉ ....

MOTIF UTILISÉ ....

FOURNITURES
NÉCESSAIRES ....

CROQUIS / PHOTO

NOTES COMPLÉMENTAIRES

....
....
....
....
....
....
....

Carnet de couture pour garder une trace des projets de couture -
cadeau idéal pour les amoureux de la couture

Carnet de couture pour garder une trace des projets de couture - cadeau idéal pour les amoureux de la couture

DÉTAILS

PROJET ....

CRÉÉ POUR ....

DATE DE DÉBUT .... **DATE D'ACHÈVEMENT** ....

POINT .... **QUANTITÉ** ....

PRIX .... **DÉPÔT PAYÉ** .... **DÉPÔT PAYÉ** ....

MOTIF UTILISÉ ....

FOURNITURES NÉCESSAIRES ....

CROQUIS / PHOTO

NOTES COMPLÉMENTAIRES

Livre de bord
d'un projet de couture

Livre de bord d'un projet de couture

PROJET ....

CRÉÉ POUR ....

DATE DE DÉDUT ....   DATE D'ACHÈVEMENT ....

POINT ....   QUANTITÉ ....

PRIX ....   DÉPÔT PAYÉ ....   DÉPÔT PAYÉ ....

MOTIF UTILISÉ ....

FOURNITURES
NÉCESSAIRES ....

Carnet de couture pour garder une trace des projets de couture - cadeau idéal pour les amoureux de la couture

Carnet de couture pour garder une trace des projets de couture - cadeau idéal pour les amoureux de la couture

DÉTAILS

PROJET ....

CRÉÉ POUR ....

DATE DE DÉBUT .... DATE D'ACHÈVEMENT ....

POINT .... QUANTITÉ ....

PRIX .... DÉPÔT PAYÉ .... DÉPÔT PAYÉ ....

MOTIF UTILISÉ ....

FOURNITURES
NÉCESSAIRES ....

CROQUIS / PHOTO

NOTES COMPLÉMENTAIRES

Livre de bord
d'un projet de couture

Livre de bord d'un projet de couture

DÉTAILS

PROJET ....

CRÉÉ POUR ....

DATE DE DÉBUT ....   DATE D'ACHÈVEMENT ....

POINT ....   QUANTITÉ ....

PRIX ....   DÉPÔT PAYÉ ....   DÉPÔT PAYÉ ....

MOTIF UTILISÉ ....

FOURNITURES NÉCESSAIRES ....

CROQUIS / PHOTO

NOTES COMPLÉMENTAIRES

Carnet de couture pour garder une trace des projets de couture - cadeau idéal pour les amoureux de la couture

Carnet de couture pour garder une trace des projets de couture - cadeau idéal pour les amoureux de la couture

DÉTAILS

PROJET ....

CRÉÉ POUR ....

DATE DE DÉBUT .... DATE D'ACHÈVEMENT ....

POINT .... QUANTITÉ ....

PRIX .... DÉPÔT PAYÉ .... DÉPÔT PAYÉ ....

MOTIF UTILISÉ ....

FOURNITURES NÉCESSAIRES ....

CROQUIS / PHOTO

NOTES COMPLÉMENTAIRES

....
....
....
....
....
....
....
....

Livre de bord
d'un projet de couture

Livre de bord
d'un projet de couture

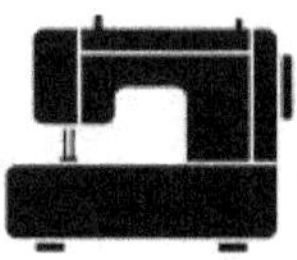

PROJET ....

CRÉÉ POUR ....

DATE DE DÉBUT .... DATE D'ACHÈVEMENT ....

POINT .... QUANTITÉ ....

PRIX .... DÉPÔT PAYÉ .... DÉPÔT PAYÉ ....

MOTIF UTILISÉ ....

FOURNITURES
NÉCESSAIRES ....

CROQUIS / PHOTO

NOTES COMPLÉMENTAIRES

Carnet de couture pour garder une trace des projets de couture - cadeau idéal pour les amoureux de la couture

Carnet de couture pour garder une trace des projets de couture - cadeau idéal pour les amoureux de la couture

DÉTAILS

PROJET ....

CRÉÉ POUR ....

DATE DE DÉBUT .... **DATE D'ACHÈVEMENT** ....

POINT .... **QUANTITÉ** ....

PRIX .... **DÉPÔT PAYÉ** .... **DÉPÔT PAYÉ** ....

MOTIF UTILISÉ ....

FOURNITURES NÉCESSAIRES ....

CROQUIS / PHOTO

NOTES COMPLÉMENTAIRES

....
....
....
....
....
....
....
....

Livre de bord
d'un projet de couture

Livre de bord
d'un projet de couture

DÉTAILS

PROJET ....

CRÉÉ POUR ....

DATE DE DÉBUT .... DATE D'ACHÈVEMENT ....

POINT .... QUANTITÉ ....

PRIX .... DÉPÔT PAYÉ .... DÉPÔT PAYÉ ....

MOTIF UTILISÉ ....

FOURNITURES
NÉCESSAIRES ....

CROQUIS / PHOTO

NOTES COMPLÉMENTAIRES

....
....
....
....
....
....
....

Carnet de couture pour garder une trace des projets de couture -
cadeau idéal pour les amoureux de la couture

Carnet de couture pour garder une trace des projets de couture - cadeau idéal pour les amoureux de la couture

DÉTAILS

PROJET ....

CRÉÉ POUR ....

DATE DE DÉBUT .... DATE D'ACHÈVEMENT ....

POINT .... QUANTITÉ ....

PRIX .... DÉPÔT PAYÉ .... DÉPÔT PAYÉ ....

MOTIF UTILISÉ ....

FOURNITURES NÉCESSAIRES ....

CROQUIS / PHOTO

NOTES COMPLÉMENTAIRES

Livre de bord
d'un projet de couture

Livre de bord
d'un projet de couture

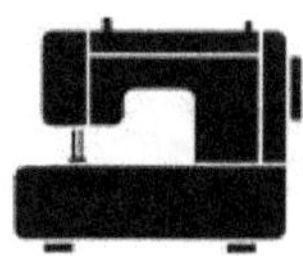

DÉTAILS

PROJET ....

CRÉÉ POUR ....

DATE DE DÉBUT .... DATE D'ACHÈVEMENT ....

POINT .... QUANTITÉ ....

PRIX .... DÉPÔT PAYÉ .... DÉPÔT PAYÉ ....

MOTIF UTILISÉ ....

FOURNITURES
NÉCESSAIRES ....

CROQUIS / PHOTO

NOTES COMPLÉMENTAIRES

....
....
....
....
....
....
....

Carnet de couture pour garder une trace des projets de couture -
cadeau idéal pour les amoureux de la couture

Carnet de couture pour garder une trace des projets de couture - cadeau idéal pour les amoureux de la couture

DÉTAILS

PROJET ....

CRÉÉ POUR ....

DATE DE DÉBUT .... **DATE D'ACHÈVEMENT** ....

POINT .... **QUANTITÉ** ....

PRIX .... **DÉPÔT PAYÉ** .... **DÉPÔT PAYÉ** ....

MOTIF UTILISÉ ....

FOURNITURES NÉCESSAIRES ....

CROQUIS / PHOTO

NOTES COMPLÉMENTAIRES

....
....
....
....
....
....
....
....

Livre de bord
d'un projet de couture

Livre de bord
d'un projet de couture

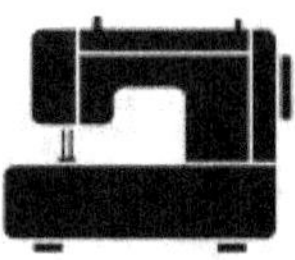

DÉTAILS

PROJET ....

CRÉÉ POUR ....

DATE DE DÉBUT .... DATE D'ACHÈVEMENT ....

POINT .... QUANTITÉ ....

PRIX .... DÉPÔT PAYÉ .... DÉPÔT PAYÉ ....

MOTIF UTILISÉ ....

FOURNITURES
NÉCESSAIRES ....

CROQUIS / PHOTO

NOTES COMPLÉMENTAIRES

Carnet de couture pour garder une trace des projets de couture -
cadeau idéal pour les amoureux de la couture

Carnet de couture pour garder une trace des projets de couture - cadeau idéal pour les amoureux de la couture

DÉTAILS

PROJET ....

CRÉÉ POUR ....

DATE DE DÉBUT .... DATE D'ACHÈVEMENT ....

POINT .... QUANTITÉ ....

PRIX .... DÉPÔT PAYÉ .... DÉPÔT PAYÉ ....

MOTIF UTILISÉ ....

FOURNITURES
NÉCESSAIRES ....

CROQUIS / PHOTO

NOTES COMPLÉMENTAIRES

Livre de bord
d'un projet de couture

Livre de bord d'un projet de couture

DÉTAILS

PROJET ....

CRÉÉ POUR ....

DATE DE DÉBUT .... **DATE D'ACHÈVEMENT** ....

POINT .... **QUANTITÉ** ....

PRIX .... **DÉPÔT PAYÉ** .... **DÉPÔT PAYÉ** ....

MOTIF UTILISÉ ....

FOURNITURES NÉCESSAIRES ....

CROQUIS / PHOTO

NOTES COMPLÉMENTAIRES

....
....
....
....
....
....
....

Carnet de couture pour garder une trace des projets de couture - cadeau idéal pour les amoureux de la couture

Carnet de couture pour garder une trace des projets de couture - cadeau idéal pour les amoureux de la couture

DÉTAILS

PROJET ....

CRÉÉ POUR ....

DATE DE DÉBUT .... **DATE D'ACHÈVEMENT** ....

POINT .... **QUANTITÉ** ....

PRIX .... **DÉPÔT PAYÉ** .... **DÉPÔT PAYÉ** ....

MOTIF UTILISÉ ....

FOURNITURES NÉCESSAIRES ....

CROQUIS / PHOTO

NOTES COMPLÉMENTAIRES

....
....
....
....
....
....
....
....

Livre de bord
d'un projet de couture

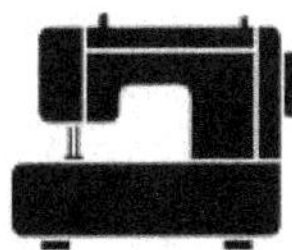

Livre de bord
d'un projet de couture

DÉTAILS

PROJET ....

CRÉÉ POUR ....

DATE DE DÉBUT .... **DATE D'ACHÈVEMENT** ....

POINT .... **QUANTITÉ** ....

PRIX .... **DÉPÔT PAYÉ** .... **DÉPÔT PAYÉ** ....

MOTIF UTILISÉ ....

FOURNITURES NÉCESSAIRES ....

CROQUIS / PHOTO

NOTES COMPLÉMENTAIRES

Carnet de couture pour garder une trace des projets de couture - cadeau idéal pour les amoureux de la couture

Carnet de couture pour garder une trace des projets de couture - cadeau idéal pour les amoureux de la couture

DÉTAILS

PROJET ....

CRÉÉ POUR ....

DATE DE DÉBUT .... DATE D'ACHÈVEMENT ....

POINT .... QUANTITÉ ....

PRIX .... DÉPÔT PAYÉ .... DÉPÔT PAYÉ ....

MOTIF UTILISÉ ....

FOURNITURES NÉCESSAIRES ....

CROQUIS / PHOTO

NOTES COMPLÉMENTAIRES

Livre de bord
d'un projet de couture

Livre de bord
d'un projet de couture

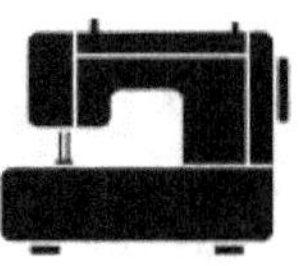

DÉTAILS

PROJET ....

CRÉÉ POUR ....

DATE DE DÉBUT .... **DATE D'ACHÈVEMENT** ....

POINT .... **QUANTITÉ** ....

PRIX .... **DÉPÔT PAYÉ** .... **DÉPÔT PAYÉ** ....

MOTIF UTILISÉ ....

FOURNITURES NÉCESSAIRES ....

CROQUIS / PHOTO

NOTES COMPLÉMENTAIRES

....
....
....
....
....
....
....

Carnet de couture pour garder une trace des projets de couture - cadeau idéal pour les amoureux de la couture

Carnet de couture pour garder une trace des projets de couture - cadeau idéal pour les amoureux de la couture

DÉTAILS

PROJET ....

CRÉÉ POUR ....

DATE DE DÉBUT .... DATE D'ACHÈVEMENT ....

POINT .... QUANTITÉ ....

PRIX .... DÉPÔT PAYÉ .... DÉPÔT PAYÉ ....

MOTIF UTILISÉ ....

FOURNITURES NÉCESSAIRES ....

CROQUIS / PHOTO

NOTES COMPLÉMENTAIRES

....
....
....
....
....
....
....
....

Livre de bord
d'un projet de couture

Livre de bord
d'un projet de couture

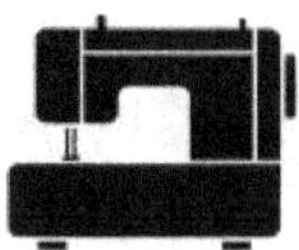

DÉTAILS

PROJET ....

CRÉÉ POUR ....

DATE DE DÉBUT .... DATE D'ACHÈVEMENT ....

POINT .... QUANTITÉ ....

PRIX .... DÉPÔT PAYÉ .... DÉPÔT PAYÉ ....

MOTIF UTILISÉ ....

FOURNITURES
NÉCESSAIRES ....

CROQUIS / PHOTO

NOTES COMPLÉMENTAIRES

Carnet de couture pour garder une trace des projets de couture -
cadeau idéal pour les amoureux de la couture

Carnet de couture pour garder une trace des projets de couture - cadeau idéal pour les amoureux de la couture

DÉTAILS

PROJET ....

CRÉÉ POUR ....

DATE DE DÉBUT .... **DATE D'ACHÈVEMENT** ....

POINT .... **QUANTITÉ** ....

PRIX .... **DÉPÔT PAYÉ** .... **DÉPÔT PAYÉ** ....

MOTIF UTILISÉ ....

FOURNITURES NÉCESSAIRES ....

CROQUIS / PHOTO

NOTES COMPLÉMENTAIRES

....
....
....
....
....
....
....
....

Livre de bord
d'un projet de couture

Livre de bord d'un projet de couture

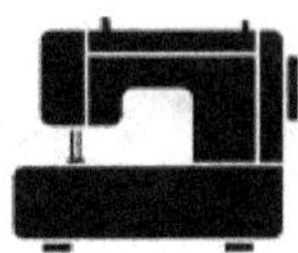

DÉTAILS

PROJET ....

CRÉÉ POUR ....

DATE DE DÉBUT .... DATE D'ACHÈVEMENT ....

POINT .... QUANTITÉ ....

PRIX .... DÉPÔT PAYÉ .... DÉPÔT PAYÉ ....

MOTIF UTILISÉ ....

FOURNITURES NÉCESSAIRES ....

CROQUIS / PHOTO

NOTES COMPLÉMENTAIRES

....
....
....
....
....
....
....

Carnet de couture pour garder une trace des projets de couture - cadeau idéal pour les amoureux de la couture

Carnet de couture pour garder une trace des projets de couture - cadeau idéal pour les amoureux de la couture

DÉTAILS

PROJET ....

CRÉÉ POUR ....

DATE DE DÉBUT .... **DATE D'ACHÈVEMENT** ....

POINT .... **QUANTITÉ** ....

PRIX .... **DÉPÔT PAYÉ** .... **DÉPÔT PAYÉ** ....

MOTIF UTILISÉ ....

FOURNITURES NÉCESSAIRES ....

CROQUIS / PHOTO

NOTES COMPLÉMENTAIRES

....
....
....
....
....
....
....
....

Livre de bord
d'un projet de couture

Livre de bord
d'un projet de couture

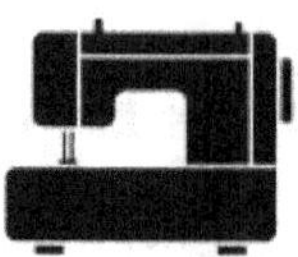

DÉTAILS

PROJET ....

CRÉÉ POUR ....

DATE DE DÉBUT .... DATE D'ACHÈVEMENT ....

POINT .... QUANTITÉ ....

PRIX .... DÉPÔT PAYÉ .... DÉPÔT PAYÉ ....

MOTIF UTILISÉ ....

FOURNITURES
NÉCESSAIRES ....

CROQUIS / PHOTO

NOTES COMPLÉMENTAIRES

Carnet de couture pour garder une trace des projets de couture -
cadeau idéal pour les amoureux de la couture

Carnet de couture pour garder une trace des projets de couture - cadeau idéal pour les amoureux de la couture

DÉTAILS

PROJET ....

CRÉÉ POUR ....

DATE DE DÉBUT .... DATE D'ACHÈVEMENT ....

POINT .... QUANTITÉ ....

PRIX .... DÉPÔT PAYÉ .... DÉPÔT PAYÉ ....

MOTIF UTILISÉ ....

FOURNITURES
NÉCESSAIRES ....

CROQUIS / PHOTO

NOTES COMPLÉMENTAIRES

Livre de bord
d'un projet de couture

Livre de bord
d'un projet de couture

DÉTAILS

PROJET ....

CRÉÉ POUR ....

DATE DE DÉBUT .... **DATE D'ACHÈVEMENT** ....

POINT .... **QUANTITÉ** ....

PRIX .... **DÉPÔT PAYÉ** .... **DÉPÔT PAYÉ** ....

MOTIF UTILISÉ ....

FOURNITURES NÉCESSAIRES ....

CROQUIS / PHOTO

NOTES COMPLÉMENTAIRES

....
....
....
....
....
....
....
....

Carnet de couture pour garder une trace des projets de couture - cadeau idéal pour les amoureux de la couture

Carnet de couture pour garder une trace des projets de couture - cadeau idéal pour les amoureux de la couture

DÉTAILS

PROJET ....

CRÉÉ POUR ....

DATE DE DÉBUT .... DATE D'ACHÈVEMENT ....

POINT .... QUANTITÉ ....

PRIX .... DÉPÔT PAYÉ .... DÉPÔT PAYÉ ....

MOTIF UTILISÉ ....

FOURNITURES NÉCESSAIRES ....

CROQUIS / PHOTO

NOTES COMPLÉMENTAIRES

....
....
....
....
....
....
....
....

Livre de bord
d'un projet de couture

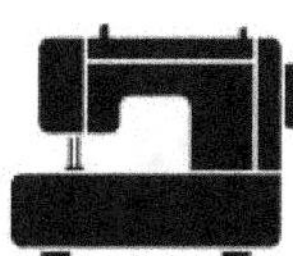

Livre de bord
d'un projet de couture

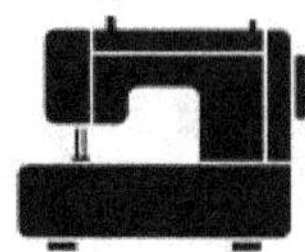

PROJET ....

CRÉÉ POUR ....

DATE DE DÉBUT .... DATE D'ACHÈVEMENT ....

POINT .... QUANTITÉ ....

PRIX .... DÉPÔT PAYÉ .... DÉPÔT PAYÉ ....

MOTIF UTILISÉ ....

FOURNITURES
NÉCESSAIRES ....

....
....
....
....
....
....
....
....

Carnet de couture pour garder une trace des projets de couture -
cadeau idéal pour les amoureux de la couture

Carnet de couture pour garder une trace des projets de couture - cadeau idéal pour les amoureux de la couture

DÉTAILS

PROJET ....

CRÉÉ POUR ....

DATE DE DÉBUT .... DATE D'ACHÈVEMENT ....

POINT .... QUANTITÉ ....

PRIX .... DÉPÔT PAYÉ .... DÉPÔT PAYÉ ....

MOTIF UTILISÉ ....

FOURNITURES
NÉCESSAIRES ....

CROQUIS / PHOTO

NOTES COMPLÉMENTAIRES

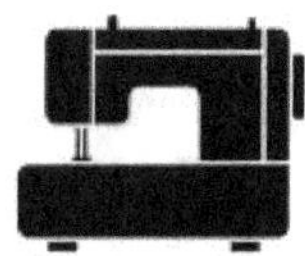

Livre de bord
d'un projet de couture

Livre de bord
d'un projet de couture

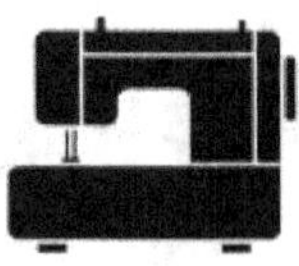

PROJET ....

CRÉÉ POUR ....

DATE DE DÉBUT .... DATE D'ACHÈVEMENT ....

POINT .... QUANTITÉ ....

PRIX .... DÉPÔT PAYÉ .... DÉPÔT PAYÉ ....

MOTIF UTILISÉ ....

FOURNITURES NÉCESSAIRES ....

Carnet de couture pour garder une trace des projets de couture - cadeau idéal pour les amoureux de la couture

Carnet de couture pour garder une trace des projets de couture - cadeau idéal pour les amoureux de la couture

DÉTAILS

PROJET ....

CRÉÉ POUR ....

DATE DE DÉBUT .... **DATE D'ACHÈVEMENT** ....

POINT .... **QUANTITÉ** ....

PRIX .... **DÉPÔT PAYÉ** .... **DÉPÔT PAYÉ** ....

MOTIF UTILISÉ ....

FOURNITURES NÉCESSAIRES ....

CROQUIS / PHOTO

NOTES COMPLÉMENTAIRES

....
....
....
....
....
....
....
....

Livre de bord
d'un projet de couture

Livre de bord d'un projet de couture

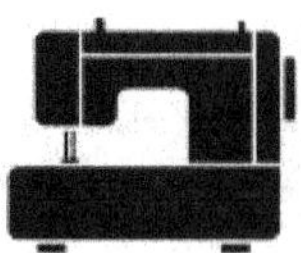

DÉTAILS

PROJET ....

CRÉÉ POUR ....

DATE DE DÉBUT .... DATE D'ACHÈVEMENT ....

POINT .... QUANTITÉ ....

PRIX .... DÉPÔT PAYÉ .... DÉPÔT PAYÉ ....

MOTIF UTILISÉ ....

FOURNITURES NÉCESSAIRES ....

CROQUIS / PHOTO

NOTES COMPLÉMENTAIRES

....
....
....
....
....
....
....

Carnet de couture pour garder une trace des projets de couture - cadeau idéal pour les amoureux de la couture

Carnet de couture pour garder une trace des projets de couture - cadeau idéal pour les amoureux de la couture

DÉTAILS

PROJET ....

CRÉÉ POUR ....

DATE DE DÉBUT .... DATE D'ACHÈVEMENT ....

POINT .... QUANTITÉ ....

PRIX .... DÉPÔT PAYÉ .... DÉPÔT PAYÉ ....

MOTIF UTILISÉ ....

FOURNITURES NÉCESSAIRES ....

CROQUIS / PHOTO

NOTES COMPLÉMENTAIRES

....
....
....
....
....
....
....
....

Livre de bord d'un projet de couture

Livre de bord
d'un projet de couture

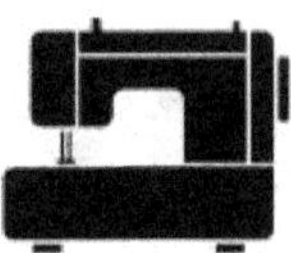

PROJET ....

CRÉÉ POUR ....

DATE DE DÉBUT .... **DATE D'ACHÈVEMENT** ....

POINT .... **QUANTITÉ** ....

PRIX .... **DÉPÔT PAYÉ** .... **DÉPÔT PAYÉ** ....

MOTIF UTILISÉ ....

FOURNITURES NÉCESSAIRES ....

CROQUIS / PHOTO

NOTES COMPLÉMENTAIRES

....
....
....
....
....
....
....

Carnet de couture pour garder une trace des projets de couture - cadeau idéal pour les amoureux de la couture

Carnet de couture pour garder une trace des projets de couture - cadeau idéal pour les amoureux de la couture

DÉTAILS

PROJET ....

CRÉÉ POUR ....

DATE DE DÉBUT .... **DATE D'ACHÈVEMENT** ....

POINT .... **QUANTITÉ** ....

PRIX .... **DÉPÔT PAYÉ** .... **DÉPÔT PAYÉ** ....

MOTIF UTILISÉ ....

FOURNITURES NÉCESSAIRES ....

CROQUIS / PHOTO

NOTES COMPLÉMENTAIRES

....
....
....
....
....
....
....
....

Livre de bord
d'un projet de couture

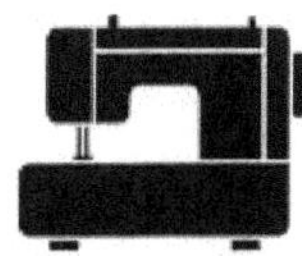

Livre de bord
d'un projet de couture

DÉTAILS

PROJET ....

CRÉÉ POUR ....

DATE DE DÉBUT .... DATE D'ACHÈVEMENT ....

POINT .... QUANTITÉ ....

PRIX .... DÉPÔT PAYÉ .... DÉPÔT PAYÉ ....

MOTIF UTILISÉ ....

FOURNITURES
NÉCESSAIRES ....

CROQUIS / PHOTO

NOTES COMPLÉMENTAIRES

Carnet de couture pour garder une trace des projets de couture -
cadeau idéal pour les amoureux de la couture

Carnet de couture pour garder une trace des projets de couture - cadeau idéal pour les amoureux de la couture

DÉTAILS

PROJET ....

CRÉÉ POUR ....

DATE DE DÉBUT .... **DATE D'ACHÈVEMENT** ....

POINT .... **QUANTITÉ** ....

PRIX .... **DÉPÔT PAYÉ** .... **DÉPÔT PAYÉ** ....

MOTIF UTILISÉ ....

FOURNITURES NÉCESSAIRES ....

CROQUIS / PHOTO

NOTES COMPLÉMENTAIRES

....
....
....
....
....
....
....

Livre de bord
d'un projet de couture

Livre de bord d'un projet de couture

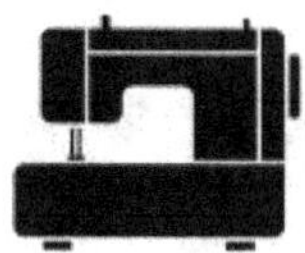

DÉTAILS

PROJET ....

CRÉÉ POUR ....

DATE DE DÉBUT .... **DATE D'ACHÈVEMENT** ....

POINT .... **QUANTITÉ** ....

PRIX .... **DÉPÔT PAYÉ** .... **DÉPÔT PAYÉ** ....

MOTIF UTILISÉ ....

FOURNITURES NÉCESSAIRES ....

CROQUIS / PHOTO

NOTES COMPLÉMENTAIRES

....
....
....
....
....
....
....

Carnet de couture pour garder une trace des projets de couture - cadeau idéal pour les amoureux de la couture

Carnet de couture pour garder une trace des projets de couture - cadeau idéal pour les amoureux de la couture

DÉTAILS

PROJET ....

CRÉÉ POUR ....

DATE DE DÉBUT .... **DATE D'ACHÈVEMENT** ....

POINT .... **QUANTITÉ** ....

PRIX .... **DÉPÔT PAYÉ** .... **DÉPÔT PAYÉ** ....

MOTIF UTILISÉ ....

FOURNITURES NÉCESSAIRES ....

CROQUIS / PHOTO

NOTES COMPLÉMENTAIRES

....
....
....
....
....
....
....

Livre de bord
d'un projet de couture

Livre de bord
d'un projet de couture

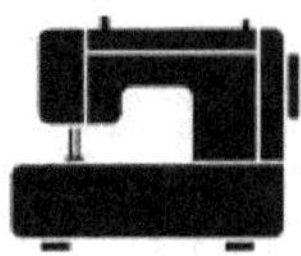

PROJET ....

CRÉÉ POUR ....

DATE DE DÉBUT .... DATE D'ACHÈVEMENT ....

POINT .... QUANTITÉ ....

PRIX .... DÉPÔT PAYÉ .... DÉPÔT PAYÉ ....

MOTIF UTILISÉ ....

FOURNITURES NÉCESSAIRES ....

Carnet de couture pour garder une trace des projets de couture -
cadeau idéal pour les amoureux de la couture

Carnet de couture pour garder une trace des projets de couture - cadeau idéal pour les amoureux de la couture

DÉTAILS

PROJET ....

CRÉÉ POUR ....

DATE DE DÉBUT .... **DATE D'ACHÈVEMENT** ....

POINT .... **QUANTITÉ** ....

PRIX .... **DÉPÔT PAYÉ** .... **DÉPÔT PAYÉ** ....

MOTIF UTILISÉ ....

FOURNITURES NÉCESSAIRES ....

CROQUIS / PHOTO

NOTES COMPLÉMENTAIRES

....
....
....
....
....
....
....
....

Livre de bord
d'un projet de couture

Livre de bord d'un projet de couture

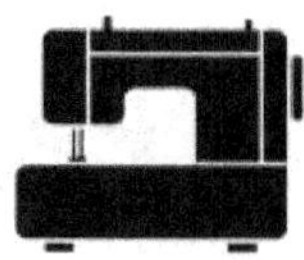

DÉTAILS

PROJET ....

CRÉÉ POUR ....

DATE DE DÉBUT .... DATE D'ACHÈVEMENT ....

POINT .... QUANTITÉ ....

PRIX .... DÉPÔT PAYÉ .... DÉPÔT PAYÉ ....

MOTIF UTILISÉ ....

FOURNITURES
NÉCESSAIRES ....

CROQUIS / PHOTO

NOTES COMPLÉMENTAIRES

....
....
....
....
....
....
....

Carnet de couture pour garder une trace des projets de couture -
cadeau idéal pour les amoureux de la couture

Carnet de couture pour garder une trace des projets de couture - cadeau idéal pour les amoureux de la couture

DÉTAILS

PROJET ....

CRÉÉ POUR ....

DATE DE DÉBUT .... **DATE D'ACHÈVEMENT** ....

POINT .... **QUANTITÉ** ....

PRIX .... **DÉPÔT PAYÉ** .... **DÉPÔT PAYÉ** ....

MOTIF UTILISÉ ....

FOURNITURES NÉCESSAIRES ....

CROQUIS / PHOTO

NOTES COMPLÉMENTAIRES

....
....
....
....
....
....
....
....

Livre de bord
d'un projet de couture

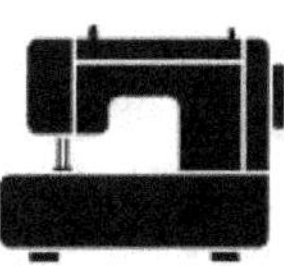

Livre de bord
d'un projet de couture

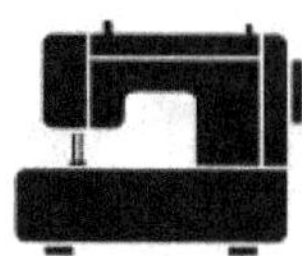

DÉTAILS

PROJET ....

CRÉÉ POUR ....

DATE DE DÉBUT .... DATE D'ACHÈVEMENT ....

POINT .... QUANTITÉ ....

PRIX .... DÉPÔT PAYÉ .... DÉPÔT PAYÉ ....

MOTIF UTILISÉ ....

FOURNITURES NÉCESSAIRES ....

CROQUIS / PHOTO

NOTES COMPLÉMENTAIRES

....
....
....
....
....
....
....

Carnet de couture pour garder une trace des projets de couture - cadeau idéal pour les amoureux de la couture

Carnet de couture pour garder une trace des projets de couture - cadeau idéal pour les amoureux de la couture

DÉTAILS

PROJET ....

CRÉÉ POUR ....

DATE DE DÉBUT .... DATE D'ACHÈVEMENT ....

POINT .... QUANTITÉ ....

PRIX .... DÉPÔT PAYÉ .... DÉPÔT PAYÉ ....

MOTIF UTILISÉ ....

FOURNITURES
NÉCESSAIRES ....

CROQUIS / PHOTO

NOTES COMPLÉMENTAIRES

....
....
....
....
....
....
....
....

Livre de bord
d'un projet de couture

Livre de bord
d'un projet de couture

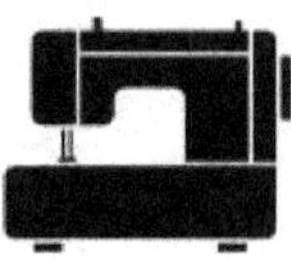

DÉTAILS

PROJET ....

CRÉÉ POUR ....

DATE DE DÉBUT .... DATE D'ACHÈVEMENT ....

POINT .... QUANTITÉ ....

PRIX .... DÉPÔT PAYÉ .... DÉPÔT PAYÉ ....

MOTIF UTILISÉ ....

FOURNITURES
NÉCESSAIRES ....

CROQUIS / PHOTO

NOTES COMPLÉMENTAIRES

Carnet de couture pour garder une trace des projets de couture -
cadeau idéal pour les amoureux de la couture

Carnet de couture pour garder une trace des projets de couture - cadeau idéal pour les amoureux de la couture

DÉTAILS

PROJET ....

CRÉÉ POUR ....

DATE DE DÉBUT .... DATE D'ACHÈVEMENT ....

POINT .... QUANTITÉ ....

PRIX .... DÉPÔT PAYÉ .... DÉPÔT PAYÉ ....

MOTIF UTILISÉ ....

FOURNITURES
NÉCESSAIRES ....

CROQUIS / PHOTO

NOTES COMPLÉMENTAIRES

....
....
....
....
....
....
....
....

Livre de bord
d'un projet de couture

Livre de bord
d'un projet de couture

DÉTAILS

PROJET ....

CRÉÉ POUR ....

DATE DE DÉBUT .... DATE D'ACHÈVEMENT ....

POINT .... QUANTITÉ ....

PRIX .... DÉPÔT PAYÉ .... DÉPÔT PAYÉ ....

MOTIF UTILISÉ ....

FOURNITURES
NÉCESSAIRES ....

CROQUIS / PHOTO

NOTES COMPLÉMENTAIRES

....
....
....
....
....
....
....

Carnet de couture pour garder une trace des projets de couture -
cadeau idéal pour les amoureux de la couture

Carnet de couture pour garder une trace des projets de couture - cadeau idéal pour les amoureux de la couture

DÉTAILS

PROJET ....

CRÉÉ POUR ....

DATE DE DÉBUT .... DATE D'ACHÈVEMENT ....

POINT .... QUANTITÉ ....

PRIX .... DÉPÔT PAYÉ .... DÉPÔT PAYÉ ....

MOTIF UTILISÉ ....

FOURNITURES
NÉCESSAIRES ....

CROQUIS / PHOTO

NOTES COMPLÉMENTAIRES

....
....
....
....
....
....
....
....

Livre de bord
d'un projet de couture

Livre de bord
d'un projet de couture

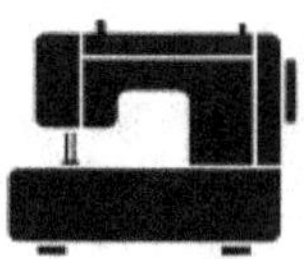

PROJET ....

CRÉÉ POUR ....

DATE DE DÉBUT .... DATE D'ACHÈVEMENT ....

POINT .... QUANTITÉ ....

PRIX .... DÉPÔT PAYÉ .... DÉPÔT PAYÉ ....

MOTIF UTILISÉ ....

FOURNITURES
NÉCESSAIRES ....

Carnet de couture pour garder une trace des projets de couture -
cadeau idéal pour les amoureux de la couture

Carnet de couture pour garder une trace des projets de couture - cadeau idéal pour les amoureux de la couture

DÉTAILS

PROJET

CRÉÉ POUR

DATE DE DÉBUT

DATE D'ACHÈVEMENT

POINT

QUANTITÉ

PRIX

DÉPÔT PAYÉ

DÉPÔT PAYÉ

MOTIF UTILISÉ

FOURNITURES NÉCESSAIRES

CROQUIS / PHOTO

NOTES COMPLÉMENTAIRES

Livre de bord d'un projet de couture

Livre de bord
d'un projet de couture

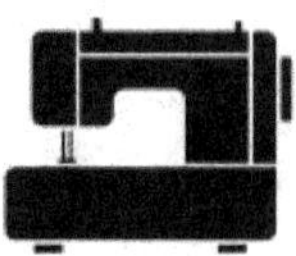

PROJET ....

CRÉÉ POUR ....

DATE DE DÉBUT .... **DATE D'ACHÈVEMENT** ....

POINT .... **QUANTITÉ** ....

PRIX .... **DÉPÔT PAYÉ** .... **DÉPÔT PAYÉ** ....

MOTIF UTILISÉ ....

FOURNITURES NÉCESSAIRES ....

....
....
....
....
....
....
....

Carnet de couture pour garder une trace des projets de couture - cadeau idéal pour les amoureux de la couture

Carnet de couture pour garder une trace des projets de couture - cadeau idéal pour les amoureux de la couture

DÉTAILS

PROJET ....

CRÉÉ POUR ....

DATE DE DÉBUT .... **DATE D'ACHÈVEMENT** ....

POINT .... **QUANTITÉ** ....

PRIX .... **DÉPÔT PAYÉ** .... **DÉPÔT PAYÉ** ....

MOTIF UTILISÉ ....

FOURNITURES NÉCESSAIRES ....

CROQUIS / PHOTO

NOTES COMPLÉMENTAIRES

Livre de bord
d'un projet de couture

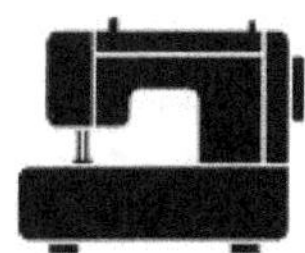

Livre de bord
d'un projet de couture

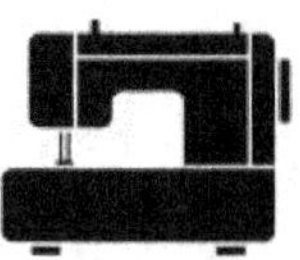

DÉTAILS

PROJET ....

CRÉÉ POUR ....

DATE DE DÉBUT .... DATE D'ACHÈVEMENT ....

POINT .... QUANTITÉ ....

PRIX .... DÉPÔT PAYÉ .... DÉPÔT PAYÉ ....

MOTIF UTILISÉ ....

FOURNITURES
NÉCESSAIRES ....

CROQUIS / PHOTO

NOTES COMPLÉMENTAIRES

Carnet de couture pour garder une trace des projets de couture -
cadeau idéal pour les amoureux de la couture

Carnet de couture pour garder une trace des projets de couture - cadeau idéal pour les amoureux de la couture

DÉTAILS

PROJET ....

CRÉÉ POUR ....

DATE DE DÉBUT .... DATE D'ACHÈVEMENT ....

POINT .... QUANTITÉ ....

PRIX .... DÉPÔT PAYÉ .... DÉPÔT PAYÉ ....

MOTIF UTILISÉ ....

FOURNITURES NÉCESSAIRES ....

CROQUIS / PHOTO

NOTES COMPLÉMENTAIRES

....
....
....
....
....
....
....
....

Livre de bord
d'un projet de couture

Livre de bord
d'un projet de couture

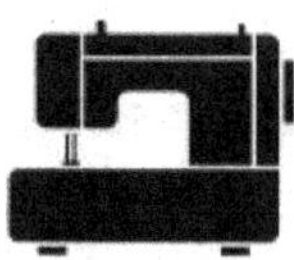

PROJET ....

CRÉÉ POUR ....

DATE DE DÉBUT .... DATE D'ACHÈVEMENT ....

POINT .... QUANTITÉ ....

PRIX .... DÉPÔT PAYÉ .... DÉPÔT PAYÉ ....

MOTIF UTILISÉ ....

FOURNITURES NÉCESSAIRES ....

....
....
....
....
....
....
....

Carnet de couture pour garder une trace des projets de couture - cadeau idéal pour les amoureux de la couture

Carnet de couture pour garder une trace des projets de couture - cadeau idéal pour les amoureux de la couture

DÉTAILS

PROJET ....

CRÉÉ POUR ....

DATE DE DÉBUT .... DATE D'ACHÈVEMENT ....

POINT .... QUANTITÉ ....

PRIX .... DÉPÔT PAYÉ .... DÉPÔT PAYÉ ....

MOTIF UTILISÉ ....

FOURNITURES NÉCESSAIRES ....

CROQUIS / PHOTO

NOTES COMPLÉMENTAIRES

Livre de bord
d'un projet de couture

Livre de bord
d'un projet de couture

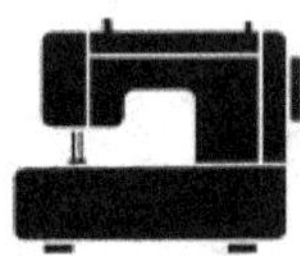

DÉTAILS

PROJET ....

CRÉÉ POUR ....

DATE DE DÉBUT .... **DATE D'ACHÈVEMENT** ....

POINT .... **QUANTITÉ** ....

PRIX .... **DÉPÔT PAYÉ** .... **DÉPÔT PAYÉ** ....

MOTIF UTILISÉ ....

FOURNITURES NÉCESSAIRES ....

CROQUIS / PHOTO

NOTES COMPLÉMENTAIRES

Carnet de couture pour garder une trace des projets de couture -
cadeau idéal pour les amoureux de la couture

Carnet de couture pour garder une trace des projets de couture - cadeau idéal pour les amoureux de la couture

DÉTAILS

PROJET ....

CRÉÉ POUR ....

DATE DE DÉBUT .... **DATE D'ACHÈVEMENT** ....

POINT .... **QUANTITÉ** ....

PRIX .... **DÉPÔT PAYÉ** .... **DÉPÔT PAYÉ** ....

MOTIF UTILISÉ ....

FOURNITURES NÉCESSAIRES ....

CROQUIS / PHOTO

NOTES COMPLÉMENTAIRES

....
....
....
....
....
....
....
....

Livre de bord
d'un projet de couture

Livre de bord
d'un projet de couture

DÉTAILS

PROJET ....

CRÉÉ POUR ....

DATE DE DÉBUT .... DATE D'ACHÈVEMENT ....

POINT .... QUANTITÉ ....

PRIX .... DÉPÔT PAYÉ .... DÉPÔT PAYÉ ....

MOTIF UTILISÉ ....

FOURNITURES
NÉCESSAIRES ....

CROQUIS / PHOTO

NOTES COMPLÉMENTAIRES

Carnet de couture pour garder une trace des projets de couture -
cadeau idéal pour les amoureux de la couture

Carnet de couture pour garder une trace des projets de couture - cadeau idéal pour les amoureux de la couture

DÉTAILS

PROJET ....

CRÉÉ POUR ....

DATE DE DÉBUT ....   DATE D'ACHÈVEMENT ....

POINT ....   QUANTITÉ ....

PRIX ....   DÉPÔT PAYÉ ....   DÉPÔT PAYÉ ....

MOTIF UTILISÉ ....

FOURNITURES
NÉCESSAIRES ....

CROQUIS / PHOTO

NOTES COMPLÉMENTAIRES

Livre de bord
d'un projet de couture

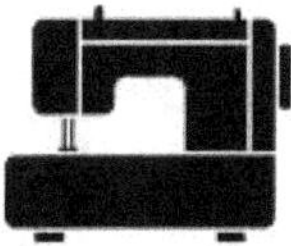

Livre de bord
d'un projet de couture

DÉTAILS

PROJET ....

CRÉÉ POUR ....

DATE DE DÉBUT .... DATE D'ACHÈVEMENT ....

POINT .... QUANTITÉ ....

PRIX .... DÉPÔT PAYÉ .... DÉPÔT PAYÉ ....

MOTIF UTILISÉ ....

FOURNITURES
NÉCESSAIRES ....

CROQUIS / PHOTO

NOTES COMPLÉMENTAIRES

....
....
....
....
....
....
....
....

Carnet de couture pour garder une trace des projets de couture - cadeau idéal pour les amoureux de la couture

Carnet de couture pour garder une trace des projets de couture -
cadeau idéal pour les amoureux de la couture

DÉTAILS

PROJET ....

CRÉÉ POUR ....

DATE DE DÉBUT .... DATE D'ACHÈVEMENT ....

POINT .... QUANTITÉ ....

PRIX .... DÉPÔT PAYÉ .... DÉPÔT PAYÉ ....

MOTIF UTILISÉ ....

FOURNITURES
NÉCESSAIRES ....

CROQUIS / PHOTO

NOTES COMPLÉMENTAIRES

....
....
....
....
....
....
....
....

Livre de bord
d'un projet de couture

Livre de bord
d'un projet de couture

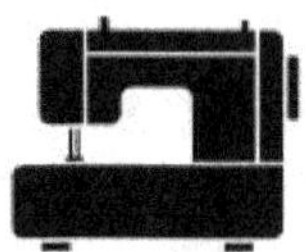

DÉTAILS

PROJET ....

CRÉÉ POUR ....

DATE DE DÉBUT .... DATE D'ACHÈVEMENT ....

POINT .... QUANTITÉ ....

PRIX .... DÉPÔT PAYÉ .... DÉPÔT PAYÉ ....

MOTIF UTILISÉ ....

FOURNITURES
NÉCESSAIRES ....

CROQUIS / PHOTO

NOTES COMPLÉMENTAIRES

....
....
....
....
....
....
....
....

Carnet de couture pour garder une trace des projets de couture -
cadeau idéal pour les amoureux de la couture

Carnet de couture pour garder une trace des projets de couture - cadeau idéal pour les amoureux de la couture

DÉTAILS

PROJET ....

CRÉÉ POUR ....

DATE DE DÉBUT .... DATE D'ACHÈVEMENT ....

POINT .... QUANTITÉ ....

PRIX .... DÉPÔT PAYÉ .... DÉPÔT PAYÉ ....

MOTIF UTILISÉ ....

FOURNITURES NÉCESSAIRES ....

CROQUIS / PHOTO

NOTES COMPLÉMENTAIRES

Livre de bord
d'un projet de couture

Livre de bord
d'un projet de couture

DÉTAILS

PROJET ....

CRÉÉ POUR ....

DATE DE DÉBUT .... DATE D'ACHÈVEMENT ....

POINT .... QUANTITÉ ....

PRIX .... DÉPÔT PAYÉ .... DÉPÔT PAYÉ ....

MOTIF UTILISÉ ....

FOURNITURES
NÉCESSAIRES ....

CROQUIS / PHOTO

NOTES COMPLÉMENTAIRES

Carnet de couture pour garder une trace des projets de couture -
cadeau idéal pour les amoureux de la couture

Carnet de couture pour garder une trace des projets de couture - cadeau idéal pour les amoureux de la couture

DÉTAILS

PROJET ....

CRÉÉ POUR ....

DATE DE DÉBUT .... DATE D'ACHÈVEMENT ....

POINT .... QUANTITÉ ....

PRIX .... DÉPÔT PAYÉ .... DÉPÔT PAYÉ ....

MOTIF UTILISÉ ....

FOURNITURES NÉCESSAIRES ....

CROQUIS / PHOTO

NOTES COMPLÉMENTAIRES

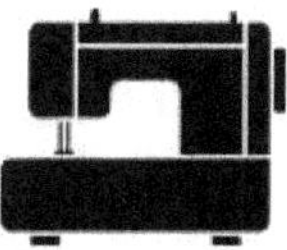

Livre de bord
d'un projet de couture

Livre de bord d'un projet de couture

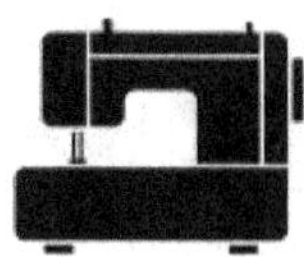

DÉTAILS

PROJET ....

CRÉÉ POUR ....

DATE DE DÉBUT .... DATE D'ACHÈVEMENT ....

POINT .... QUANTITÉ ....

PRIX .... DÉPÔT PAYÉ .... DÉPÔT PAYÉ ....

MOTIF UTILISÉ ....

FOURNITURES NÉCESSAIRES ....

CROQUIS / PHOTO

NOTES COMPLÉMENTAIRES

Carnet de couture pour garder une trace des projets de couture - cadeau idéal pour les amoureux de la couture

Carnet de couture pour garder une trace des projets de couture - cadeau idéal pour les amoureux de la couture

DÉTAILS

PROJET ....

CRÉÉ POUR ....

DATE DE DÉBUT .... **DATE D'ACHÈVEMENT** ....

POINT .... **QUANTITÉ** ....

PRIX .... **DÉPÔT PAYÉ** .... **DÉPÔT PAYÉ** ....

MOTIF UTILISÉ ....

FOURNITURES NÉCESSAIRES ....

CROQUIS / PHOTO

NOTES COMPLÉMENTAIRES

....
....
....
....
....
....
....
....

Livre de bord
d'un projet de couture

Livre de bord
d'un projet de couture

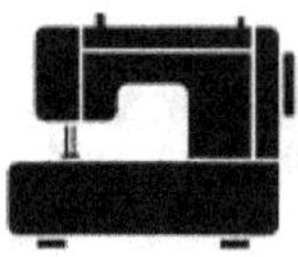

DÉTAILS

PROJET ....

CRÉÉ POUR ....

DATE DE DÉBUT .... DATE D'ACHÈVEMENT ....

POINT .... QUANTITÉ ....

PRIX .... DÉPÔT PAYÉ .... DÉPÔT PAYÉ ....

MOTIF UTILISÉ ....

FOURNITURES
NÉCESSAIRES ....

CROQUIS / PHOTO

NOTES COMPLÉMENTAIRES

....
....
....
....
....
....
....

Carnet de couture pour garder une trace des projets de couture - cadeau idéal pour les amoureux de la couture

Carnet de couture pour garder une trace des projets de couture - cadeau idéal pour les amoureux de la couture

DÉTAILS

PROJET ....

CRÉÉ POUR ....

DATE DE DÉBUT .... DATE D'ACHÈVEMENT ....

POINT .... QUANTITÉ ....

PRIX .... DÉPÔT PAYÉ .... DÉPÔT PAYÉ ....

MOTIF UTILISÉ ....

FOURNITURES NÉCESSAIRES ....

CROQUIS / PHOTO

NOTES COMPLÉMENTAIRES

....
....
....
....
....
....
....
....

Livre de bord
d'un projet de couture

Livre de bord
d'un projet de couture

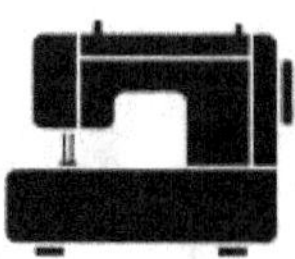

DÉTAILS

PROJET ....

CRÉÉ POUR ....

DATE DE DÉBUT .... DATE D'ACHÈVEMENT ....

POINT .... QUANTITÉ ....

PRIX .... DÉPÔT PAYÉ .... DÉPÔT PAYÉ ....

MOTIF UTILISÉ ....

FOURNITURES
NÉCESSAIRES ....

CROQUIS / PHOTO

NOTES COMPLÉMENTAIRES

....

....

....

....

....

....

....

Carnet de couture pour garder une trace des projets de couture -
cadeau idéal pour les amoureux de la couture

Carnet de couture pour garder une trace des projets de couture - cadeau idéal pour les amoureux de la couture

DÉTAILS

PROJET ....

CRÉÉ POUR ....

DATE DE DÉBUT .... DATE D'ACHÈVEMENT ....

POINT .... QUANTITÉ ....

PRIX .... DÉPÔT PAYÉ .... DÉPÔT PAYÉ ....

MOTIF UTILISÉ ....

FOURNITURES
NÉCESSAIRES ....

CROQUIS / PHOTO

NOTES COMPLÉMENTAIRES

....
....
....
....
....
....
....
....
....

Livre de bord
d'un projet de couture

Livre de bord d'un projet de couture

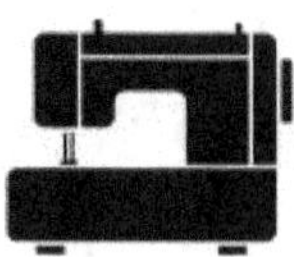

PROJET ....

CRÉÉ POUR ....

DATE DE DÉBUT .... DATE D'ACHÈVEMENT ....

POINT .... QUANTITÉ ....

PRIX .... DÉPÔT PAYÉ .... DÉPÔT PAYÉ ....

MOTIF UTILISÉ ....

FOURNITURES
NÉCESSAIRES ....

CROQUIS / PHOTO

NOTES COMPLÉMENTAIRES

Carnet de couture pour garder une trace des projets de couture - cadeau idéal pour les amoureux de la couture

Carnet de couture pour garder une trace des projets de couture - cadeau idéal pour les amoureux de la couture

DÉTAILS

PROJET ....

CRÉÉ POUR ....

DATE DE DÉBUT .... **DATE D'ACHÈVEMENT** ....

POINT .... **QUANTITÉ** ....

PRIX .... **DÉPÔT PAYÉ** .... **DÉPÔT PAYÉ** ....

MOTIF UTILISÉ ....

FOURNITURES NÉCESSAIRES ....

CROQUIS / PHOTO

NOTES COMPLÉMENTAIRES

....
....
....
....
....
....
....
....

Livre de bord
d'un projet de couture

Livre de bord
d'un projet de couture

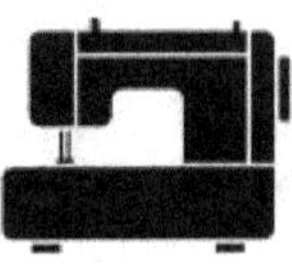

DÉTAILS

PROJET ....

CRÉÉ POUR ....

DATE DE DÉBUT .... **DATE D'ACHÈVEMENT** ....

POINT .... **QUANTITÉ** ....

PRIX .... **DÉPÔT PAYÉ** .... **DÉPÔT PAYÉ** ....

MOTIF UTILISÉ ....

FOURNITURES NÉCESSAIRES ....

CROQUIS / PHOTO

NOTES COMPLÉMENTAIRES

....
....
....
....
....
....
....

Carnet de couture pour garder une trace des projets de couture - cadeau idéal pour les amoureux de la couture

Carnet de couture pour garder une trace des projets de couture - cadeau idéal pour les amoureux de la couture

DÉTAILS

PROJET ....

CRÉÉ POUR ....

DATE DE DÉBUT .... DATE D'ACHÈVEMENT ....

POINT .... QUANTITÉ ....

PRIX .... DÉPÔT PAYÉ .... DÉPÔT PAYÉ ....

MOTIF UTILISÉ ....

FOURNITURES NÉCESSAIRES ....

CROQUIS / PHOTO

NOTES COMPLÉMENTAIRES

....
....
....
....
....
....
....
....

Livre de bord
d'un projet de couture

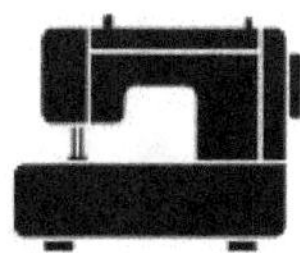

Livre de bord d'un projet de couture

PROJET ....

CRÉÉ POUR ....

DATE DE DÉBUT .... DATE D'ACHÈVEMENT
....

POINT .... QUANTITÉ ....

PRIX .... DÉPÔT PAYÉ .... DÉPÔT PAYÉ ....

MOTIF UTILISÉ ....

FOURNITURES
NÉCESSAIRES ....

Carnet de couture pour garder une trace des projets de couture - cadeau idéal pour les amoureux de la couture

Carnet de couture pour garder une trace des projets de couture - cadeau idéal pour les amoureux de la couture

DÉTAILS

PROJET ....

CRÉÉ POUR ....

DATE DE DÉBUT .... DATE D'ACHÈVEMENT ....

POINT .... QUANTITÉ ....

PRIX .... DÉPÔT PAYÉ .... DÉPÔT PAYÉ ....

MOTIF UTILISÉ ....

FOURNITURES
NÉCESSAIRES ....

CROQUIS / PHOTO

NOTES COMPLÉMENTAIRES

....
....
....
....
....
....
....
....

Livre de bord
d'un projet de couture

Livre de bord d'un projet de couture

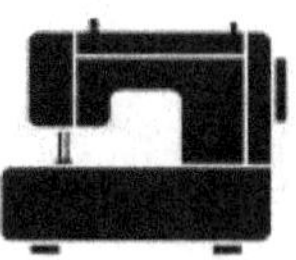

DÉTAILS

PROJET ....

CRÉÉ POUR ....

DATE DE DÉBUT .... DATE D'ACHÈVEMENT ....

POINT .... QUANTITÉ ....

PRIX .... DÉPÔT PAYÉ .... DÉPÔT PAYÉ ....

MOTIF UTILISÉ ....

FOURNITURES NÉCESSAIRES ....

CROQUIS / PHOTO

NOTES COMPLÉMENTAIRES

Carnet de couture pour garder une trace des projets de couture - cadeau idéal pour les amoureux de la couture

DÉTAILS

PROJET ....

CRÉÉ POUR ....

DATE DE DÉBUT .... DATE D'ACHÈVEMENT ....

POINT .... QUANTITÉ ....

PRIX .... DÉPÔT PAYÉ .... DÉPÔT PAYÉ ....

MOTIF UTILISÉ ....

FOURNITURES NÉCESSAIRES ....

CROQUIS / PHOTO

NOTES COMPLÉMENTAIRES

....
....
....
....
....
....
....
....

Livre de bord
d'un projet de couture

Livre de bord d'un projet de couture

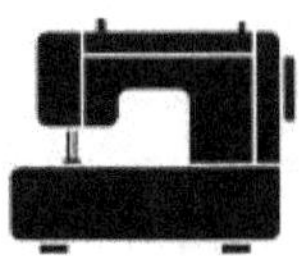

PROJET ....

CRÉÉ POUR ....

DATE DE DÉBUT .... DATE D'ACHÈVEMENT ....

POINT .... QUANTITÉ ....

PRIX .... DÉPÔT PAYÉ .... DÉPÔT PAYÉ ....

MOTIF UTILISÉ ....

FOURNITURES NÉCESSAIRES ....

Carnet de couture pour garder une trace des projets de couture - cadeau idéal pour les amoureux de la couture

Carnet de couture pour garder une trace des projets de couture - cadeau idéal pour les amoureux de la couture

DÉTAILS

PROJET ....

CRÉÉ POUR ....

DATE DE DÉBUT .... **DATE D'ACHÈVEMENT** ....

POINT .... **QUANTITÉ** ....

PRIX .... **DÉPÔT PAYÉ** .... **DÉPÔT PAYÉ** ....

MOTIF UTILISÉ ....

FOURNITURES NÉCESSAIRES ....

CROQUIS / PHOTO

NOTES COMPLÉMENTAIRES

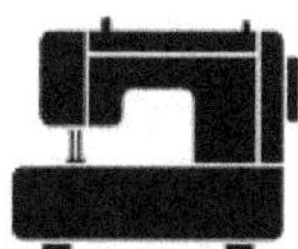

Livre de bord
d'un projet de couture

Livre de bord d'un projet de couture

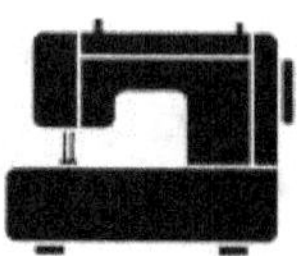

DÉTAILS

PROJET ....

CRÉÉ POUR ....

DATE DE DÉBUT .... DATE D'ACHÈVEMENT ....

POINT .... QUANTITÉ ....

PRIX .... DÉPÔT PAYÉ .... DÉPÔT PAYÉ ....

MOTIF UTILISÉ ....

FOURNITURES NÉCESSAIRES ....

CROQUIS / PHOTO

NOTES COMPLÉMENTAIRES

Carnet de couture pour garder une trace des projets de couture - cadeau idéal pour les amoureux de la couture

Carnet de couture pour garder une trace des projets de couture - cadeau idéal pour les amoureux de la couture

DÉTAILS

PROJET ....

CRÉÉ POUR ....

DATE DE DÉBUT .... **DATE D'ACHÈVEMENT** ....

POINT .... **QUANTITÉ** ....

PRIX .... **DÉPÔT PAYÉ** .... **DÉPÔT PAYÉ** ....

MOTIF UTILISÉ ....

FOURNITURES NÉCESSAIRES ....

CROQUIS / PHOTO

NOTES COMPLÉMENTAIRES

....
....
....
....
....
....
....
....

Livre de bord
d'un projet de couture

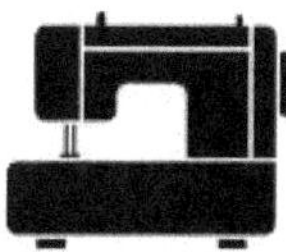

Livre de bord
d'un projet de couture

DÉTAILS

PROJET ....

CRÉÉ POUR ....

DATE DE DÉBUT .... DATE D'ACHÈVEMENT ....

POINT .... QUANTITÉ ....

PRIX .... DÉPÔT PAYÉ .... DÉPÔT PAYÉ ....

MOTIF UTILISÉ ....

FOURNITURES
NÉCESSAIRES ....

CROQUIS / PHOTO

NOTES COMPLÉMENTAIRES

Carnet de couture pour garder une trace des projets de couture - cadeau idéal pour les amoureux de la couture

Carnet de couture pour garder une trace des projets de couture - cadeau idéal pour les amoureux de la couture

DÉTAILS

PROJET ....

CRÉÉ POUR ....

DATE DE DÉBUT .... **DATE D'ACHÈVEMENT** ....

POINT .... **QUANTITÉ** ....

PRIX .... **DÉPÔT PAYÉ** .... **DÉPÔT PAYÉ** ....

MOTIF UTILISÉ ....

FOURNITURES NÉCESSAIRES ....

CROQUIS / PHOTO

NOTES COMPLÉMENTAIRES

....
....
....
....
....
....
....
....

Livre de bord
d'un projet de couture

Livre de bord
d'un projet de couture

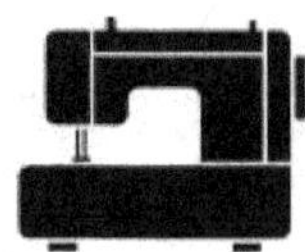

PROJET ....

CRÉÉ POUR ....

DATE DE DÉBUT .... DATE D'ACHÈVEMENT ....

POINT .... QUANTITÉ ....

PRIX .... DÉPÔT PAYÉ .... DÉPÔT PAYÉ ....

MOTIF UTILISÉ ....

FOURNITURES NÉCESSAIRES ....

Carnet de couture pour garder une trace des projets de couture - cadeau idéal pour les amoureux de la couture

Carnet de couture pour garder une trace des projets de couture - cadeau idéal pour les amoureux de la couture

DÉTAILS

PROJET ....

CRÉÉ POUR ....

DATE DE DÉBUT .... **DATE D'ACHÈVEMENT** ....

POINT .... **QUANTITÉ** ....

PRIX .... **DÉPÔT PAYÉ** .... **DÉPÔT PAYÉ** ....

MOTIF UTILISÉ ....

FOURNITURES NÉCESSAIRES ....

CROQUIS / PHOTO

NOTES COMPLÉMENTAIRES

Livre de bord
d'un projet de couture

Livre de bord
d'un projet de couture

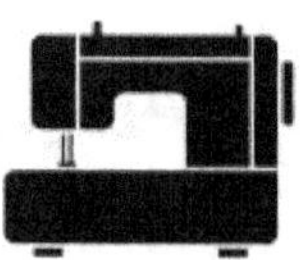

DÉTAILS

PROJET ....

CRÉÉ POUR ....

DATE DE DÉBUT .... DATE D'ACHÈVEMENT ....

POINT .... QUANTITÉ ....

PRIX .... DÉPÔT PAYÉ .... DÉPÔT PAYÉ ....

MOTIF UTILISÉ ....

FOURNITURES NÉCESSAIRES ....

CROQUIS / PHOTO

NOTES COMPLÉMENTAIRES

Carnet de couture pour garder une trace des projets de couture -
cadeau idéal pour les amoureux de la couture

Carnet de couture pour garder une trace des projets de couture - cadeau idéal pour les amoureux de la couture

DÉTAILS

PROJET ....

CRÉÉ POUR ....

DATE DE DÉBUT .... **DATE D'ACHÈVEMENT** ....

POINT .... **QUANTITÉ** ....

PRIX .... **DÉPÔT PAYÉ** .... **DÉPÔT PAYÉ** ....

MOTIF UTILISÉ ....

FOURNITURES NÉCESSAIRES ....

CROQUIS / PHOTO

NOTES COMPLÉMENTAIRES

Livre de bord
d'un projet de couture

Livre de bord
d'un projet de couture

PROJET ....

CRÉÉ POUR ....

DATE DE DÉBUT ....   DATE D'ACHÈVEMENT ....

POINT ....   QUANTITÉ ....

PRIX ....   DÉPÔT PAYÉ ....   DÉPÔT PAYÉ ....

MOTIF UTILISÉ ....

FOURNITURES
NÉCESSAIRES ....

CROQUIS / PHOTO

NOTES COMPLÉMENTAIRES

....

....

....

....

....

....

....

Carnet de couture pour garder une trace des projets de couture - cadeau idéal pour les amoureux de la couture

Carnet de couture pour garder une trace des projets de couture - cadeau idéal pour les amoureux de la couture

DÉTAILS

PROJET ....

CRÉÉ POUR ....

DATE DE DÉBUT .... DATE D'ACHÈVEMENT ....

POINT .... QUANTITÉ ....

PRIX .... DÉPÔT PAYÉ .... DÉPÔT PAYÉ ....

MOTIF UTILISÉ ....

FOURNITURES NÉCESSAIRES ....

CROQUIS / PHOTO

NOTES COMPLÉMENTAIRES

....
....
....
....
....
....
....
....

Livre de bord
d'un projet de couture

Livre de bord
d'un projet de couture

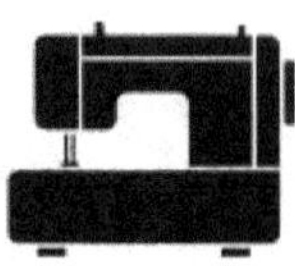

DÉTAILS

PROJET ....

CRÉÉ POUR ....

DATE DE DÉBUT .... **DATE D'ACHÈVEMENT** ....

POINT .... **QUANTITÉ** ....

PRIX .... **DÉPÔT PAYÉ** .... **DÉPÔT PAYÉ** ....

MOTIF UTILISÉ ....

FOURNITURES NÉCESSAIRES ....

CROQUIS / PHOTO

NOTES COMPLÉMENTAIRES

....

....

....

....

....

....

....

Carnet de couture pour garder une trace des projets de couture - cadeau idéal pour les amoureux de la couture

Carnet de couture pour garder une trace des projets de couture - cadeau idéal pour les amoureux de la couture

DÉTAILS

PROJET ....

CRÉÉ POUR ....

DATE DE DÉBUT .... DATE D'ACHÈVEMENT ....

POINT .... QUANTITÉ ....

PRIX .... DÉPÔT PAYÉ .... DÉPÔT PAYÉ ....

MOTIF UTILISÉ ....

FOURNITURES NÉCESSAIRES ....

CROQUIS / PHOTO

NOTES COMPLÉMENTAIRES

Livre de bord
d'un projet de couture

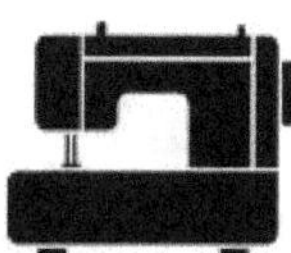

Livre de bord
d'un projet de couture

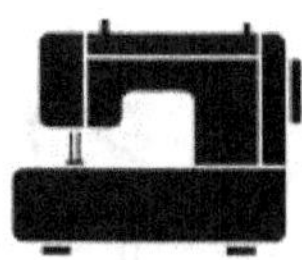

DÉTAILS

PROJET ....

CRÉÉ POUR ....

DATE DE DÉBUT .... DATE D'ACHÈVEMENT ....

POINT .... QUANTITÉ ....

PRIX .... DÉPÔT PAYÉ .... DÉPÔT PAYÉ ....

MOTIF UTILISÉ ....

FOURNITURES
NÉCESSAIRES ....

CROQUIS / PHOTO

NOTES COMPLÉMENTAIRES

....

....

....

....

....

....

....

Carnet de couture pour garder une trace des projets de couture -
cadeau idéal pour les amoureux de la couture

Carnet de couture pour garder une trace des projets de couture - cadeau idéal pour les amoureux de la couture

DÉTAILS

PROJET ....

CRÉÉ POUR ....

DATE DE DÉBUT .... DATE D'ACHÈVEMENT ....

POINT .... QUANTITÉ ....

PRIX .... DÉPÔT PAYÉ .... DÉPÔT PAYÉ ....

MOTIF UTILISÉ ....

FOURNITURES NÉCESSAIRES ....

CROQUIS / PHOTO

NOTES COMPLÉMENTAIRES

....
....
....
....
....
....
....
....

Livre de bord
d'un projet de couture

Livre de bord d'un projet de couture

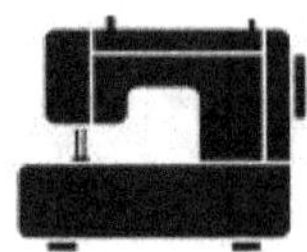

DÉTAILS

PROJET ....

CRÉÉ POUR ....

DATE DE DÉBUT .... DATE D'ACHÈVEMENT ....

POINT .... QUANTITÉ ....

PRIX .... DÉPÔT PAYÉ .... DÉPÔT PAYÉ ....

MOTIF UTILISÉ ....

FOURNITURES NÉCESSAIRES ....

CROQUIS / PHOTO

NOTES COMPLÉMENTAIRES

Carnet de couture pour garder une trace des projets de couture - cadeau idéal pour les amoureux de la couture

Carnet de couture pour garder une trace des projets de couture - cadeau idéal pour les amoureux de la couture

DÉTAILS

PROJET ....

CRÉÉ POUR ....

DATE DE DÉBUT .... DATE D'ACHÈVEMENT ....

POINT .... QUANTITÉ ....

PRIX .... DÉPÔT PAYÉ .... DÉPÔT PAYÉ ....

MOTIF UTILISÉ ....

FOURNITURES NÉCESSAIRES ....

CROQUIS / PHOTO

NOTES COMPLÉMENTAIRES

....
....
....
....
....
....
....
....

Livre de bord
d'un projet de couture

Livre de bord
d'un projet de couture

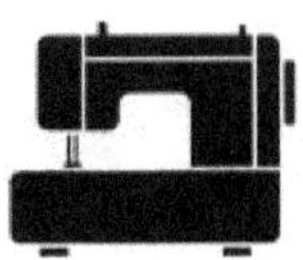

DÉTAILS

PROJET ....

CRÉÉ POUR ....

DATE DE DÉBUT .... DATE D'ACHÈVEMENT ....

POINT .... QUANTITÉ ....

PRIX .... DÉPÔT PAYÉ .... DÉPÔT PAYÉ ....

MOTIF UTILISÉ ....

FOURNITURES NÉCESSAIRES ....

CROQUIS / PHOTO

NOTES COMPLÉMENTAIRES

....

....

....

....

....

....

....

Carnet de couture pour garder une trace des projets de couture - cadeau idéal pour les amoureux de la couture

Carnet de couture pour garder une trace des projets de couture - cadeau idéal pour les amoureux de la couture

DÉTAILS

PROJET ....

CRÉÉ POUR ....

DATE DE DÉBUT .... **DATE D'ACHÈVEMENT** ....

POINT .... **QUANTITÉ** ....

PRIX .... **DÉPÔT PAYÉ** .... **DÉPÔT PAYÉ** ....

MOTIF UTILISÉ ....

FOURNITURES NÉCESSAIRES ....

CROQUIS / PHOTO

NOTES COMPLÉMENTAIRES

....
....
....
....
....
....
....
....

Livre de bord
d'un projet de couture

Livre de bord d'un projet de couture

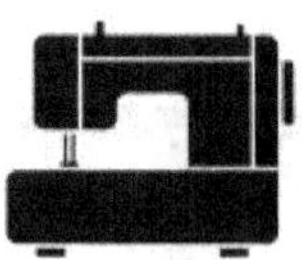

DÉTAILS

PROJET ....

CRÉÉ POUR ....

DATE DE DÉBUT .... DATE D'ACHÈVEMENT ....

POINT .... QUANTITÉ ....

PRIX .... DÉPÔT PAYÉ .... DÉPÔT PAYÉ ....

MOTIF UTILISÉ ....

FOURNITURES NÉCESSAIRES ....

CROQUIS / PHOTO

NOTES COMPLÉMENTAIRES

Carnet de couture pour garder une trace des projets de couture - cadeau idéal pour les amoureux de la couture

Carnet de couture pour garder une trace des projets de couture - cadeau idéal pour les amoureux de la couture

DÉTAILS

PROJET ....

CRÉÉ POUR ....

DATE DE DÉBUT .... DATE D'ACHÈVEMENT ....

POINT .... QUANTITÉ ....

PRIX .... DÉPÔT PAYÉ .... DÉPÔT PAYÉ ....

MOTIF UTILISÉ ....

FOURNITURES
NÉCESSAIRES ....

CROQUIS / PHOTO

NOTES COMPLÉMENTAIRES

....
....
....
....
....
....
....
....

Livre de bord
d'un projet de couture

Livre de bord
d'un projet de couture

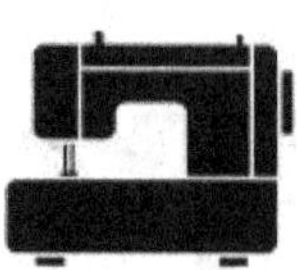

PROJET ....

CRÉÉ POUR ....

DATE DE DÉBUT .... DATE D'ACHÈVEMENT ....

POINT .... QUANTITÉ ....

PRIX .... DÉPÔT PAYÉ .... DÉPÔT PAYÉ ....

MOTIF UTILISÉ ....

FOURNITURES
NÉCESSAIRES ....

Carnet de couture pour garder une trace des projets de couture - cadeau idéal pour les amoureux de la couture

Carnet de couture pour garder une trace des projets de couture - cadeau idéal pour les amoureux de la couture

DÉTAILS

PROJET ....

CRÉÉ POUR ....

DATE DE DÉBUT .... **DATE D'ACHÈVEMENT** ....

POINT .... **QUANTITÉ** ....

PRIX .... **DÉPÔT PAYÉ** .... **DÉPÔT PAYÉ** ....

MOTIF UTILISÉ ....

FOURNITURES NÉCESSAIRES ....

CROQUIS / PHOTO

NOTES COMPLÉMENTAIRES

....
....
....
....
....
....
....
....

Livre de bord
d'un projet de couture

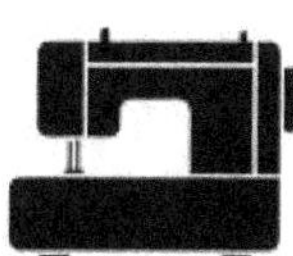

Livre de bord
d'un projet de couture

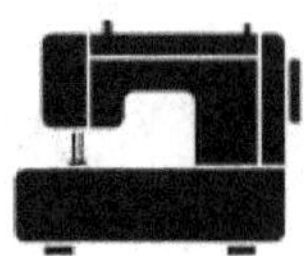

DÉTAILS

PROJET ....

CRÉÉ POUR ....

DATE DE DÉBUT .... DATE D'ACHÈVEMENT ....

POINT .... QUANTITÉ ....

PRIX .... DÉPÔT PAYÉ .... DÉPÔT PAYÉ ....

MOTIF UTILISÉ ....

FOURNITURES
NÉCESSAIRES ....

CROQUIS / PHOTO

NOTES COMPLÉMENTAIRES

Carnet de couture pour garder une trace des projets de couture -
cadeau idéal pour les amoureux de la couture

Carnet de couture pour garder une trace des projets de couture - cadeau idéal pour les amoureux de la couture

DÉTAILS

PROJET ....

CRÉÉ POUR ....

DATE DE DÉBUT .... **DATE D'ACHÈVEMENT** ....

POINT .... **QUANTITÉ** ....

PRIX .... **DÉPÔT PAYÉ** .... **DÉPÔT PAYÉ** ....

MOTIF UTILISÉ ....

FOURNITURES NÉCESSAIRES ....

CROQUIS / PHOTO

NOTES COMPLÉMENTAIRES

....
....
....
....
....
....
....
....

Livre de bord
d'un projet de couture

Livre de bord
d'un projet de couture

DÉTAILS

PROJET ....

CRÉÉ POUR ....

DATE DE DÉBUT .... DATE D'ACHÈVEMENT ....

POINT .... QUANTITÉ ....

PRIX .... DÉPÔT PAYÉ .... DÉPÔT PAYÉ ....

MOTIF UTILISÉ ....

FOURNITURES
NÉCESSAIRES ....

CROQUIS / PHOTO

NOTES COMPLÉMENTAIRES

Carnet de couture pour garder une trace des projets de couture - cadeau idéal pour les amoureux de la couture

Carnet de couture pour garder une trace des projets de couture - cadeau idéal pour les amoureux de la couture

DÉTAILS

PROJET ....

CRÉÉ POUR ....

DATE DE DÉBUT .... DATE D'ACHÈVEMENT ....

POINT .... QUANTITÉ ....

PRIX .... DÉPÔT PAYÉ .... DÉPÔT PAYÉ ....

MOTIF UTILISÉ ....

FOURNITURES NÉCESSAIRES ....

CROQUIS / PHOTO

NOTES COMPLÉMENTAIRES

....
....
....
....
....
....
....
....

Livre de bord
d'un projet de couture

Livre de bord d'un projet de couture

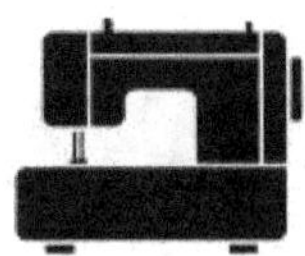

DÉTAILS

PROJET ....

CRÉÉ POUR ....

DATE DE DÉBUT .... DATE D'ACHÈVEMENT ....

POINT .... QUANTITÉ ....

PRIX .... DÉPÔT PAYÉ .... DÉPÔT PAYÉ ....

MOTIF UTILISÉ ....

FOURNITURES NÉCESSAIRES ....

CROQUIS / PHOTO

NOTES COMPLÉMENTAIRES

Carnet de couture pour garder une trace des projets de couture - cadeau idéal pour les amoureux de la couture

Carnet de couture pour garder une trace des projets de couture - cadeau idéal pour les amoureux de la couture

DÉTAILS

PROJET ....

CRÉÉ POUR ....

DATE DE DÉBUT .... DATE D'ACHÈVEMENT ....

POINT .... QUANTITÉ ....

PRIX .... DÉPÔT PAYÉ .... DÉPÔT PAYÉ ....

MOTIF UTILISÉ ....

FOURNITURES
NÉCESSAIRES ....

CROQUIS / PHOTO

NOTES COMPLÉMENTAIRES

Livre de bord
d'un projet de couture

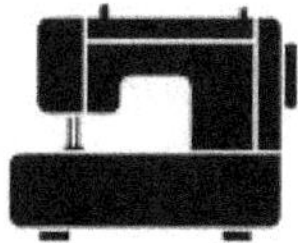

Livre de bord
d'un projet de couture

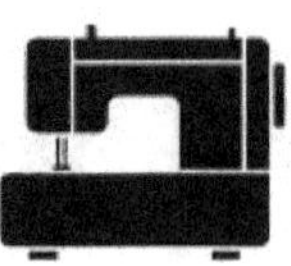

DÉTAILS

PROJET ....

CRÉÉ POUR ....

DATE DE DÉBUT .... DATE D'ACHÈVEMENT ....

POINT .... QUANTITÉ ....

PRIX .... DÉPÔT PAYÉ .... DÉPÔT PAYÉ ....

MOTIF UTILISÉ ....

FOURNITURES
NÉCESSAIRES ....

CROQUIS / PHOTO

NOTES COMPLÉMENTAIRES

....
....
....
....
....
....

Carnet de couture pour garder une trace des projets de couture -
cadeau idéal pour les amoureux de la couture

Carnet de couture pour garder une trace des projets de couture - cadeau idéal pour les amoureux de la couture

DÉTAILS

PROJET ....

CRÉÉ POUR ....

DATE DE DÉBUT .... **DATE D'ACHÈVEMENT** ....

POINT .... **QUANTITÉ** ....

PRIX .... **DÉPÔT PAYÉ** .... **DÉPÔT PAYÉ** ....

MOTIF UTILISÉ ....

FOURNITURES NÉCESSAIRES ....

CROQUIS / PHOTO

NOTES COMPLÉMENTAIRES

....
....
....
....
....
....
....
....

Livre de bord
d'un projet de couture

Livre de bord
d'un projet de couture

DÉTAILS

PROJET ....

CRÉÉ POUR ....

DATE DE DÉBUT .... DATE D'ACHÈVEMENT ....

POINT .... QUANTITÉ ....

PRIX .... DÉPÔT PAYÉ .... DÉPÔT PAYÉ ....

MOTIF UTILISÉ ....

FOURNITURES
NÉCESSAIRES ....

CROQUIS / PHOTO

NOTES COMPLÉMENTAIRES

Carnet de couture pour garder une trace des projets de couture - cadeau idéal pour les amoureux de la couture

Carnet de couture pour garder une trace des projets de couture - cadeau idéal pour les amoureux de la couture

DÉTAILS

PROJET ....

CRÉÉ POUR ....

DATE DE DÉBUT .... **DATE D'ACHÈVEMENT** ....

POINT .... **QUANTITÉ** ....

PRIX .... **DÉPÔT PAYÉ** .... **DÉPÔT PAYÉ** ....

MOTIF UTILISÉ ....

FOURNITURES NÉCESSAIRES ....

CROQUIS / PHOTO

NOTES COMPLÉMENTAIRES

....
....
....
....
....
....
....
....

Livre de bord
d'un projet de couture

Livre de bord
d'un projet de couture

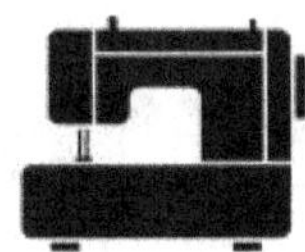

PROJET ....

CRÉÉ POUR ....

DATE DE DÉBUT .... DATE D'ACHÈVEMENT ....

POINT .... QUANTITÉ ....

PRIX .... DÉPÔT PAYÉ .... DÉPÔT PAYÉ ....

MOTIF UTILISÉ ....

FOURNITURES
NÉCESSAIRES ....

....
....
....
....
....
....
....

Carnet de couture pour garder une trace des projets de couture -
cadeau idéal pour les amoureux de la couture

Carnet de couture pour garder une trace des projets de couture - cadeau idéal pour les amoureux de la couture

DÉTAILS

PROJET ....

CRÉÉ POUR ....

DATE DE DÉBUT .... **DATE D'ACHÈVEMENT** ....

POINT .... **QUANTITÉ** ....

PRIX .... **DÉPÔT PAYÉ** .... **DÉPÔT PAYÉ** ....

MOTIF UTILISÉ ....

FOURNITURES NÉCESSAIRES ....

CROQUIS / PHOTO

NOTES COMPLÉMENTAIRES

....
....
....
....
....
....
....
....

Livre de bord
d'un projet de couture

www.ingramcontent.com/pod-product-compliance
Lightning Source LLC
LaVergne TN
LVHW041331200726
843509LV00009B/673